editora

DESCUBRA SEU "EU" FINANCEIRO

Reinaldo Domingos

Autor: PhD Reinaldo Domingos

Coordenadora editorial: Laila Mascarenhas

Editora de texto: Catarina Arimatéia

Editora de arte: Marisa Corazza

Colaboração editorial: Ana Rosa Vilches

Revisoras: Ana Paula Felippe e Luzia Rodrigues

dsop editora

Rua Alba, 88 - Parque Jabaquara

São Paulo - SP - Brasil - CEP: 04346-000

www.editoradsop.com.br

Dados Internacionais de Catalogação na Publicação (CIP)
(Câmara Brasileira do Livro, SP, Brasil)

Domingos, Reinaldo
Descubra seu "eu" financeiro / Reinaldo Domingos. -- São Paulo : Editora DSOP, 2024.

ISBN 978-85-8276-661-3

1. Dinheiro - Administração 2. Educação financeira 3. Finanças - Planejamento 4. Poupança e investimento I. Título.

24-218898 CDD-332.6

Índices para catálogo sistemático:

1. Educação financeira : Economia 332.6

Cibele Maria Dias - Bibliotecária - CRB-8/9427

SUMÁRIO

APRESENTAÇÃO

Aprender a lidar com dinheiro é uma habilidade que deve ser desenvolvida desde a infância, quando a criança ganha o primeiro cofrinho para colocar as moedas de troco que recebe dos pais. Porém, ao longo da vida, esquecemos algumas lições ou não conseguimos adquirir os conhecimentos necessários para administrar os ganhos e os gastos a nosso favor. E é nesse momento que nossos sonhos e necessidades são injustamente deixados de lado. Para que isso não aconteça, é preciso que você conheça o seu "eu" financeiro, ou seja, tenha consciência de seu comportamento em relação ao dinheiro, do que deseja conquistar e da necessidade de modificar hábitos de consumo já enraizados. Com determinação e disciplina, é possível mudar antigos padrões e adquirir outros tantos, que o tornarão bem mais equilibrado financeiramente. É verdade que isso só depende de você, mas podemos ajudá-lo!

Por meio da educação do comportamento financeiro, os quatro pilares da **Metodologia DSOP** – Diagnosticar, Sonhar, Orçar e Poupar – propõem ensiná-lo a ter uma vida financeira bem-sucedida e feliz, um aprendizado que pode ser estendido a toda família.

Comece já a planejar a realização de tudo o que mais deseja!

CONSCIENTIZAÇÃO É A PALAVRA-CHAVE

- Tome as rédeas da sua vida financeira
- Resista aos apelos consumistas
- O diagnóstico do desequilíbrio

TOME AS RÉDEAS DA SUA VIDA FINANCEIRA

Vivemos uma época em que "ter" é mais valorizado do que "ser". Hoje, grande parte das pessoas compromete ou corre o risco de comprometer o orçamento doméstico e até de se perder em dívidas somente para manter as aparências ou por não resistir aos apelos consumistas.

Produtos que antes eram apenas desejados passaram a fazer parte do dia a dia das pessoas. São bens duráveis, como eletroeletrônicos, eletrodomésticos e veículos, comprados principalmente a crédito. Da mesma forma, surgiram gastos com serviços como acesso à internet, TV por assinatura e telefone celular, além dos já realizados com saúde, educação e cuidados pessoais.

Além disso, quando atinge um patamar de renda mais elevado, muitas pessoas começam a viajar mais, principalmente de avião, além de realizar cruzeiros marítimos. Os novos consumidores passam ainda a comprar mais pacotes de viagens nacionais e internacionais, por conta dos parcelamentos disponíveis.

Diante dessa avalanche de consumo, nunca foi tão necessário e importante assegurar o equilíbrio financeiro para garantir a realização de grandes sonhos, um futuro tranquilo e uma velhice sem precisar depender de ninguém. Isso exige disciplina e planejamento, mas o processo é mais simples do que você imagina. Basta descobrir o seu "eu" financeiro, ou seja, tomar consciência do lugar onde você está e onde deseja chegar financeiramente e, principalmente, dispor-se a mudar alguns comportamentos em relação ao dinheiro. É preciso despertar e fugir da armadilha de passar a vida consumindo de maneira desenfreada e impulsiva.

Podemos dizer que a Educação Financeira não é apenas um trabalho de transmitir conhecimento, mas de entender e analisar as pessoas, pois o comportamento faz parte do processo de mudança.

Constatamos que o ser humano tem dificuldade para evoluir em sua situação financeira principalmente pela falta de disciplina para poupar parte do que ganha. Para muitas pessoas é difícil guardar dinheiro simplesmente porque elas não foram criadas com o hábito de controlar os próprios gastos. Essa cultura de não poupar está impregnada em todos nós, até mesmo como uma herança dos contos de fadas. Afinal, quem nunca ouviu a história da Cinderela, filha de um fidalgo muito rico que, ao ficar viúvo e se casar novamente com uma mulher gastadeira, perdeu todo o seu patrimônio e deixou a filha desamparada financeiramente? A pobre gata borralheira passou a fazer todas as tarefas na casa da madrasta e a ter uma vida solitária e triste. No final, a personagem se casa com um príncipe maravilhoso e vivem felizes para sempre. Mas, na vida real, é sempre bom lembrar que príncipes encantados não existem!

RESISTA AOS APELOS CONSUMISTAS

Você sabia que a maioria dos brasileiros compra por impulso? Compras por impulso são aquelas feitas sem que haja de fato necessidade imediata, não se faz cotação de valores, não existe preocupação com o valor e não há consciência se cabem no orçamento.

Isso acontece porque a maior parte das decisões de consumo é feita de forma emocional. Não é à toa que toda vez que tentam nos vender um produto, ele está acompanhado de promoções e campanhas estreladas por gente bonita, "perfeita" e feliz, sempre com frases de efeito e música de fundo.

Propagandas de todo tipo acabam ditando como devemos decorar a casa, que tipo de celular devemos ter, que carro precisamos comprar, a roupa que devemos vestir nessa ou naquela estação, que produtos devemos passar no rosto.

Ainda que às vezes sejamos tomados pela consciência de que não devemos gastar com determinado produto, surgem mais facilidades para nos convencer do contrário, como crédito a perder de vista, parcelamentos em valores que cabem no bolso etc. E acabamos quase sempre nos sentindo tão especiais como consumidores, tão seduzidos, que, por fim, nos rendemos e compramos.

O curioso é que quase todo mundo tem uma boa desculpa para isso. Há quem defenda que, por trabalhar demais, merece usar o dinheiro para satisfazer todos os pequenos desejos imediatos e sair comprando. Outros vão mais longe: gastam tudo o que têm, pensando: "Vai que eu morra amanhã...".

Argumentos desse tipo são usados tanto por pessoas que têm baixos rendimentos quanto pelas que têm altos ganhos. Quem ganha pouco diz que não vale a pena se preocupar em controlar o dinheiro e que o jeito é viver um dia depois do outro. Quem ganha muito alega que, por isso mesmo, não tem com o que se preocupar, e o melhor a fazer é viver intensamente o dia de hoje.

Podemos dizer que as duas justificativas estão equivocadas, pois o êxito financeiro não depende do quanto se ganha, mas da forma como lidamos com os nossos rendimentos.

As ações e as escolhas que fazemos determinam o nosso "eu" financeiro. O processo de conscientização para alcançar o equilíbrio financeiro envolve várias etapas, que podem ser resumidas em uma palavra: diagnosticar, ou seja, identificar a situação real de suas finanças.

Vivemos em uma sociedade altamente consumista, perseguidos pelas frequentes mensagens de "Compre!", "Consuma!", "Aproveite!", e, muitas vezes, não resistimos a esses apelos. No entanto, ao anotar os gastos e analisar cada um deles, percebemos várias compras que poderiam ter sido evitadas, pois foram feitas apenas na tentativa de uma satisfação emocional imediata, por compensação ou culpa e não porque o produto era mesmo necessário.

Um exemplo dessa situação é ultrapassar o limite do cheque especial ou contrair uma dívida no cartão de crédito para comprar uma bicicleta para o filho, na tentativa de compensar o pouco tempo que passa com ele. Ou "se dar de presente" uma roupa para levantar o ânimo. Essas situações são armadilhas, pois, além de não resolver os problemas, ainda aumentam o motivo de preocupação com uma dívida a ser quitada. Em vez de se endividar, seria melhor tentar organizar os horários para ficar mais tempo com os filhos ou dar a eles toda atenção e carinho quando puder estar junto. Eles gostarão mais disso do que da bicicleta. Já em relação aos momentos de desânimo, é preciso parar para refletir no motivo de estar se sentindo assim, e adotar atitudes que modifiquem esse cenário.

O DIAGNÓSTICO DO DESEQUILÍBRIO

Quando se trata da área médica, a palavra diagnóstico significa conhecer as doenças pelos sintomas que elas apresentam. Já na área financeira, a palavra diagnóstico refere-se a observar a forma como cada um se comporta em relação ao dinheiro. Acredita-se que o desequilíbrio financeiro seja uma espécie de epidemia, que afeta pessoas em diferentes níveis.

Alguns sofrem mais levemente os sintomas, ou seja, de vez em quando se desequilibram financeiramente, gastam além da conta, mas conseguem sair do aperto e voltar à normalidade. É o caso, por exemplo, de alguém que está extremamente infeliz no trabalho e, para compensar essa insatisfação, faz compras diariamente durante o intervalo do almoço: um dia, uma roupa; no outro, um sapato; no outro, um relógio. Porém, depois de um tempo, as parcelas do cartão de crédito ficam tão acumuladas que o salário passa a ser insuficiente para cobrir todos os gastos básicos do mês (aluguel, condomínio, contas, alimentação etc.) e ainda arcar com os resultados do descontrole. Nesse exemplo, no entanto, o consumidor momentaneamente compulsivo consegue sair do aperto: pede dinheiro emprestado a um amigo ou ao banco, quita os compromissos, passa a controlar os gastos e paga o empréstimo de forma parcelada.

Já outras pessoas sofrem sintomas mais graves da tal epidemia do desequilíbrio financeiro: gastam tudo o que ganham. Sempre! Costuma-se dizer que essas pessoas "vivem mal das pernas" justamente por não conseguirem se equilibrar. Estão sempre "enroladas": em uma época têm um carro, em outra o vendem para pagar dívidas; costumam dever dinheiro para parentes e amigos; compram itens com preço alto e desnecessários, enquanto falta dinheiro até mesmo para uma alimentação adequada etc.

Essa condição pode evoluir para uma fase ainda mais aguda da epidemia, em que as dívidas com cheque especial e cartão de crédito se acumulam e atingem um nível tal que a pessoa chega realmente à "falência". Nessa situação, ela não apenas não enxerga meios para quitar os seus débitos como ainda tem seu nome inscrito nos cadastros de inadimplentes, e corre até o risco de perder os bens materiais que conquistou, como imóvel, veículo e outros itens.

Por mais grave que a situação possa parecer, saiba que é possível reverter o cenário de má saúde financeira e alcançar o equilíbrio. O primeiro e mais urgente passo para isso é o diagnóstico financeiro. Isso porque, quanto mais rápido você tiver consciência de seu problema e do tamanho dele, mais cedo poderá encontrar os caminhos para solucioná-lo. Há uma forma eficiente de fazer isso, em etapas. Quer saber quais são elas? Então vamos lá!

O CAMINHO DO SEU DINHEIRO

- Relacione os seus ganhos
- Observe seu comportamento financeiro
- Anote todos os seus gastos
- Não tema a sua verdade financeira
- Aprenda a ler os extratos bancários

RELACIONE OS SEUS GANHOS

Nem todo mundo responde com fidelidade à pergunta "Quanto você ganha?". E não é nem por querer esconder o valor ou por ter vergonha de revelá-lo, mas simplesmente por não saber exatamente qual é essa quantia. Por exemplo, se perguntarmos a uma pessoa com salário bruto mensal de R$ 1.000,00 quanto ela ganha, provavelmente ela responderá: "mil reais".

Mas se ela trabalha com carteira assinada, a resposta está errada, pois dos "mil reais" é preciso descontar vários itens, como INSS, vale-transporte, vale-alimentação, assistência médica etc. Assim, o valor que essa pessoa de fato recebe é de, aproximadamente, R$ 850,00. Esse é o rendimento com o qual ela pode contar. E não se engane: os R$ 150,00 de diferença têm importância. Afinal, representam 15% do valor do salário bruto, o que é bastante em qualquer caso, independentemente do rendimento.

Saber o valor real do seu rendimento mensal é mais relevante do que você imagina. Isso porque, se a pessoa acha que ganha R$ 1.000,00 quando na verdade ganha R$ 850,00, gasta 15% a mais do que recebe, pois inconscientemente tem o valor de R$ 1.000,00 como limite. E isso todo mês. Então, imagine o tamanho do buraco ao fim de um ano inteiro!

Para conquistar e manter o equilíbrio financeiro, é preciso ter consciência dos seus ganhos, do real valor que está disponível para honrar os seus gastos, os compromissos e até os investimentos.

Mas como ter claro esse montante se ele não for fixo? É o caso, por exemplo, de profissionais liberais, autônomos e empresários, que têm rendimentos variáveis. Eles também precisam registrar tudo o que recebem no decorrer do mês, e até de um ano, se for possível, para descobrir o valor médio das retiradas e, assim, poder programar seus gastos. Isso porque as pessoas que têm rendimentos variáveis também correm o risco de cair em armadilhas. Além de se esquecerem de computar em seus rendimentos os descontos com impostos, por exemplo, elas podem desconsiderar outros gastos típicos de autônomos, como transporte (combustível, desgaste do veículo), alimentação, contador, entre outros.

Identifique o seu rendimento mensal, incluindo salário, comissões ou bônus, se houver. Anote o exercício do quadro a seguir e outros exercícios em um caderno reservado somente para isso.

Exercício de rendimento mensal	**Valor (R$)**
A – rendimento bruto (salários, comissões, bônus)	
B – descontos diversos (INSS, IRRF, outros)	
C – (A - B) rendimento líquido mensal	

Depois de preencher o quadro com o levantamento mensal, você deve calcular os rendimentos anuais, nesse caso incluindo férias e 13º salário, se tiver, ou bônus, comissões, participação nos lucros e outros proventos, se for o caso. Veja o modelo:

Exercício de rendimento anual	**Valor (R$)**
A – rendimento bruto (salários, comissões, bônus)	
B – outros ganhos (férias, 13º salário, outros)	
C – descontos diversos (INSS, IRRF, outros)	
D - (A + B - C) rendimento líquido anual	

Com esses dois exercícios, você saberá exatamente os seus rendimentos mensal e anual. Muita gente se surpreende ao preencher esses quadros, pois, mesmo achando que o salário mensal é pequeno, quando calculado no decorrer de um ano pode se impressionar com o valor.

Mas atenção: o preenchimento deve ser fiel. E se houver estimativa (no caso de rendimentos variáveis), ela tem de ser o mais realista possível. Afinal, se você está disposto a mudar seu comportamento em relação ao dinheiro, não faz sentido tentar se enganar, não é mesmo?

Com os resultados em mãos, você pode fazer uma reflexão sobre a sua situação financeira, iniciando um processo de conscientização e controle, que é fundamental para alcançar o equilíbrio de suas finanças.

OBSERVE SEU COMPORTAMENTO FINANCEIRO

Se perguntássemos quanto é o seu gasto mensal, você saberia responder rapidamente? Apostamos que não.

E sabe por que isso acontece? Porque pouca gente tem o hábito de fazer esse tipo de controle. Pelo menos não de forma exata e minuciosa. Ou seja, algumas pessoas até anotam os gastos, mas somente os mais elevados, como prestação da casa ou aluguel, energia elétrica, água, supermercado, prestação do carro, faculdade, entre outros.

Uma atitude importante para quem deseja organizar sua vida financeira é o controle mais geral e amplo, tendo o objetivo de saber e controlar os gastos mensais. Mas não é o suficiente. O que poucas pessoas entendem é que não basta apenas relacionar os gastos principais e mais representativos.

Observe o quadro abaixo:

Gastos	Valor (R$)
Água	60,00
Energia elétrica	70,00
Prestação da casa ou aluguel	480,00
Telefone	95,00
Mercado	330,00
Transporte	170,00
Faculdade	450,00
Total de gastos	1.655,00
Total de ganhos	1.800,00
(–) Total de gastos	1.655,00
Resultado positivo	145,00

É compreensível fazer esse controle. Afinal, já é alguma coisa. O problema é que ele raramente revela a realidade da situação, porque não basta saber apenas inserir o valor de itens como aluguel ou mensalidade escolar. Quem nunca tomou um susto ao abrir a carteira ou consultar a conta bancária e perceber que ela está vazia?

Em geral, acabamos nos perguntando nessas situações: "Onde foi parar o meu dinheiro?". Pergunte-se isso mais vezes, já que é a única forma de diagnosticar com precisão a sua situação financeira. Arrisque responder à sua pergunta da seguinte forma: o dinheiro se esvai nos pequenos gastos, que quase sempre são esquecidos quando fazemos o cálculo mensal.

Se você comprar um cafezinho por dia no meio da tarde, por exemplo, certamente não vai achar que esse gasto interfere em seu orçamento, correto? Mas supondo que esse café custe R$ 3,00 e você o consuma em 25 dias do mês, ao final do mês terá gasto R$ 75,00. E, ao final de um ano, R$ 900,00. Agora imagine fazer essa multiplicação para todos os pequenos gastos do dia a dia que você considera sem importância!

Quando paramos para pensar nisso, muitas vezes nos queixamos de ganhar pouco e de que o nosso dinheiro não dá para nada. Isso pode até ser verdade, ou seja, talvez você realmente mereça ganhar bem mais, mas, convenhamos, se ganhasse 10% a mais provavelmente também gastaria 10% a mais; se fosse 50% a mais, esse também seria o percentual aumentado de seus gastos. E isso simplesmente porque você não tem controle sobre o seu dinheiro, pelo contrário, é ele que acaba controlando a sua vida.

Lembre-se de que o equilíbrio financeiro depende da visão mais ou menos detalhada que você tem de seus ganhos e gastos. Se não tiver equilíbrio nas duas pernas, não conseguirá andar. Do mesmo modo, se não tiver equilíbrio entre os ganhos e os gastos, não conseguirá sair da situação financeira em que se encontra, seja ela qual for.

A esta altura, você já deve estar convencido da importância de saber qual é a sua real situação financeira, pois só com esse conhecimento poderá enfrentar futuros obstáculos sem grandes traumas ou mesmo aproveitar boas oportunidades que a vida colocar em seu caminho. Somente isso já seria um ganho significativo. Mas é possível ir além: se os seus ganhos e gastos estiverem equilibrados, você poderá constituir uma reserva para usar no que, quando e como quiser!

ANOTE TODOS OS SEUS GASTOS

Você provavelmente sabe responder de imediato quanto gasta mensalmente com o que considera grandes gastos, como aluguel, faculdade, condomínio, prestações etc. Porém, devemos também ter muito cuidado e controle com os pequenos gastos que temos no dia a dia, sabendo o quanto gastamos. O exemplo do cafezinho revela o quanto ele representa de gasto no mês (R$ 75,00) e no ano (R$ 900,00). Mas e os chocolates, os pães de queijo, a gorjeta para o rapaz que ficou cuidando de seu veí- culo, os gastos com cabeleireiro e lazer? Você tem controle sobre isso?

Recomendamos que você comece a fazer esse levantamento para saber exatamente para onde vai cada centavo seu. Para isso, anote absolutamente todos os seus gastos diários, de preferência separados por categorias (transporte, alimentação etc.), da seguinte maneira:

Mês			
Dia	Valor	Tipo de gastos	Forma de pagamento
Total (R$):			

Ao final do dia, mais importante do que saber o valor gasto é identificar com o que você gastou, ou seja, o tipo de gasto que fez. É fundamental que esse quadro seja preenchido diariamente, por 30 dias, caso você tenha rendimentos fixos. Se tiver rendimentos variáveis (no caso de autônomos, profissionais liberais, empresários, entre outros), realize as anotações durante 90 dias. Assim, você terá a média de gasto por tipo, o que condiz mais com a sua realidade.

Em princípio, você pode achar que isso é trabalhoso demais, mas, como já dissemos, alcançar o equilíbrio financeiro exige determinação e disposição para mudar comportamentos. Além do mais, se você chegou até aqui, por que retroceder? Basta dar o próximo passo!

NÃO TEMA A SUA VERDADE FINANCEIRA

Como em qualquer outro aspecto da vida, só é possível resolver os problemas depois que decidimos enfrentá-los. Assim, comece já a anotar cada centavo que gasta em seu apontamento financeiro, como exemplificado abaixo:

Mês	**Tipo de gastos - Guloseimas**	
Dia	**Valor R$**	**Forma de pagamento**
5	6,00	Cartão de débito
6	1,15	Vale-refeição
15	3,00	Dinheiro
22	2,85	Cartão de crédito
25	4,00	Cartão de débito
29	6,00	Dinheiro
Total (R$)		

Fazer esse levantamento é meio caminho andado para mudar radicalmente o seu jeito de lidar com o dinheiro. Você ficará surpreso com os gastos que considerava sem importância na soma geral e perceberá, finalmente, para onde vai o seu dinheiro.

Separando por tipo de gasto, a ideia é perceber os excessos. Depois de 30 dias corridos, você estará com o seu diagnóstico em mãos e terá a oportunidade de analisar de forma microscópica por onde escorre o seu dinheiro e, principalmente, os cortes que podem ser feitos.

Esse exercício exige questionar hábitos que já estão consolidados, como sempre comprar chiclete e pedir *pizza* toda semana. Esses itens são de fato fundamentais para sua vida? Você não pode viver sem ambos? E o cafezinho do dia a dia, a sobremesa no restaurante? Você precisa mesmo deles todos os dias? Pense nisso!

De volta ao exercício, para completá-lo, preencha também o quadro a seguir, seguindo à risca as seguintes determinações:

- **Faça uma estimativa do valor que gastará por tipo de item nos próximos sete dias.**

- **Anote os gastos na hora em que estiver comprando, para garantir que não se esquecerá de nada.**
- **Todos os dias ou ao final da semana, compare os gastos que você de fato fez com as estimativas.**

Gastos	Valor previsto (R$)	Valor realizado (R$)	Diferença (R$)
Primeiro dia			
Segundo dia			
Terceiro dia			
Quarto dia			
Quinto dia			
Sexto dia			
Sétimo dia			

Diante da constatação do excesso de gastos, pode ser que você fique aborrecido. Mas, se decidir de fato encarar a verdade e mudar seu comportamento, com o tempo você se habituará a tomar nota dos gastos e, talvez, até acabe achando divertido. Se isso ocorrer, já terá sido uma conquista, pois a disposição é fundamental para dar sequência ao processo que o levará a tomar as rédeas de sua vida financeira.

Muitas pessoas afirmam que, antes de começar a anotar todos os gastos, não tinham ideia do quanto gastavam sem perceber. Ou então diziam que sabiam que gastavam bastante, por exemplo, em guloseimas, mas nunca esperavam que fosse tanto. Só ao ver as cifras é que tiveram a real dimensão da situação.

Esse impacto é imediato. Tanto que, com a consciência de quanto cada gasto representa ao final do mês, sem perceber você já pensará duas vezes antes de comprar, e também vai passar a priorizar as compras e a comprar melhor. Essa sensação vai ficando mais forte conforme as anotações forem evoluindo, porque a mente estará atenta aos apontamentos feitos e dará o alerta sobre o quanto já foi gasto em cada categoria. Não se esqueça de que o apontamento de gastos deve ser preenchido durante 30 dias por quem tem ganho fixo e durante 90 dias por quem tem ganhos variáveis.

APRENDA A LER OS EXTRATOS BANCÁRIOS

Além de controlar os grandes e os pequenos gastos com anotações manuais, é fundamental que você faça o mesmo com a sua conta no banco. E a melhor forma de fazer isso é lendo o seu extrato bancário.

A maior parte das pessoas não sabe ler o extrato bancário ou parece não entender o que está descrito nele. Isso acontece em decorrência de uma "pegadinha" que muitos bancos utilizam na hora de disponibilizar as informações aos clientes.

Nos extratos constam a expressão "limite disponível". Esse termo cria uma confusão na cabeça de muitas pessoas e dá a impressão de que o valor ali descrito faz parte dos seus rendimentos. Porém, somente parte daquela quantia é realmente de propriedade do correntista. Quando você verifica o seu saldo na tela do computador ou do caixa eletrônico, seus olhos saltam para o tal "limite disponível", quando, na verdade, a sua atenção deveria se concentrar no que alguns bancos chamam de "limite disponível para investimento". Esse termo é o que corresponde ao seu dinheiro real que está, como a própria expressão afirma, disponível para que você invista, seja no pagamento de contas, seja na compra de algum bem essencial, em algum presente que você queira dar a si mesmo ou a alguém etc.

Por isso, daqui para frente, recomendamos que você leia o seu extrato bancário com calma e compreenda o que está sendo informado ali. Se achar necessário, imprima-o uma vez por semana e circule em azul o seu saldo real, não se esquecendo de escrever em vermelho "dinheiro do banco" ao lado do valor que corresponde ao limite do cheque especial.

Por mais tentador que seja, é vital que você entenda que não pode usar o limite disponível na sua conta bancária como se fosse uma renda extra no seu orçamento. Muitas pessoas caem nessa cilada, desesperadas por cobrir os últimos gastos de determinado período, quando o dinheiro de verdade já acabou, mas o mês ainda não.

Quando o seu dinheiro acaba antes do final do mês, é sinal de que você gastou mais do que podia. Portanto, muito cuidado nesse período, pois, ao ver o extrato bancário, o seu inconsciente poderá lhe enganar e fazer com que seus olhos brilhem mirando o tal "limite disponível", que, como já vimos, é uma tremenda "ilusão de óptica". O ideal é evitar usar o limite do cheque especial ou, se possível, nem tê-lo.

EM BUSCA DO EQUILÍBRIO

- Compartilhe a sua experiência
- Corte os pequenos gastos
- Identifique seu padrão de vida
- Consumo consciente

COMPARTILHE A SUA EXPERIÊNCIA

Assim como em outros aspectos da vida, quando nos dispomos a realizar alguma mudança e conseguimos, nosso desejo é contar a experiência para todo mundo, dividir a alegria da conquista e tentar convencer outras pessoas de que, se você conseguiu, elas também deveriam tentar. É assim com quem para de fumar e muda os hábitos alimentares, por exemplo. Somos tentados a compartilhar as boas-novas, e com a Educação Financeira não é diferente. Tanto que é comum recebermos de amigos, vizinhos e familiares sugestões de supermercados que vendem produtos mais acessíveis, de lojas que estão fazendo promoção, de endereços de pontas de estoque etc.

Por isso, caso esteja vivendo uma mudança de comportamento em busca do equilíbrio financeiro, você pode ser tomado por uma grande vontade de dividir o que está vivendo com seus amigos e familiares e até de incentivá-los a fazer o mesmo. Se isso ocorrer e você sentir que há disposição de alguns em ouvir sua experiência, organize uma reunião e compartilhe com sua família os dados do seu apontamento de gastos. Assim, eles também tomarão consciência da situação e, quem sabe, vocês poderão descobrir juntos outras formas de reduzir gastos.

Mas, se ocorrer o contrário, ou seja, se eles resistirem e não se mostrarem dispostos a ouvir ou a somar esforços, é melhor não insistir e dar tempo ao tempo. Caso arque com gastos de membros da família, no entanto, anote-os detalhadamente. No futuro, pode ser que, ao mostrar a eles o quanto desembolsou com mesada ou dentista, por exemplo, ou com outro gasto,eles finalmente se conscientizem de que, unidos, fica mais fácil chegar aonde se quer.

Independentemente do apoio, dê sequência ao seu processo, anotando todos os gastos, dos recorrentes aos que aparentemente são irrelevantes. Com isso, logo nas primeiras semanas já será possível ter uma visão ampla dos gastos e, ao final de um mês, você poderá refletir a respeito deles e das atitudes que podem ser adotadas para colocar os números nos trilhos. Veja no quadro a seguir como fazer suas anotações, considerando os gastos mensais mais detalhados.

Perceba como, ao retratar mais fielmente os gastos e separá-los por categoria, o panorama fica diferente. Entender onde e como você gasta o seu dinheiro, ou seja, fazer o diagnóstico, é importante justamente por revelar o que antes ficava escondido.

	Descrição dos gastos	Valor (R$)
Residência	Água	60,00
	Energia elétrica	70,00
	Telefone	95,00
	Mercado	330,00
	Manutenção	40,00
	Transporte	170,00
Pessoal	Medicamento	35,00
	Convênio médico	90,00
Educação	Faculdade	450,00
	Curso de idioma	110,00
	Material escolar	15,00
	Lanches	55,00
	Roupas e calçados	150,00
Outras	Cosméticos, cabeleireiro etc.	80,00
	Diversão e lazer	120,00
	Gorjetas	20,00
	Almoço, lanche, café etc.	40,00
	Total de gastos (-)	**1.930,00**
	Total de ganhos	**1.800,00**
	Padrão de vida (–) gastos (R$)	**-130,00**

CORTE OS PEQUENOS GASTOS

Diante dessas cifras, você deve ter em mente que o equilíbrio financeiro só pode ser alcançado com a redução dos pequenos gastos. Assim, ao mesmo tempo que estiver alimentando o seu apontamento financeiro, pode também refletir sobre sua vida e seu padrão de consumo.

Podemos chamar isso de "consciência emocional". Ao entrar em contato com ela, automaticamente você começa a modificar a forma como lida com o seu dinheiro. Mais do que isso: você terá uma visão mais clara sobre as motivações e os impulsos que estão por trás do seu padrão de consumo.

Você pode até achar que não há muito para ser cortado nos seus gastos, mas, ao fazer o diagnóstico, terá uma visão mais objetiva e perceberá que muita coisa é consumida até sem perceber, de forma automática. É o caso da energia elétrica e da água em um banho mais demorado, das taxas de conveniência pagas ao adquirir ingressos pela internet, do pacote de salgadinhos devorado para "enganar a fome" até a hora do almoço etc. Além disso, você pode reconsiderar gastos com serviços que talvez nem sejam tão úteis assim, como a TV a cabo. Você realmente passa tanto tempo assistindo à televisão e a tantos canais que justifique pagar a assinatura? E o plano de celular, ele tem mesmo de incluir tantos serviços? Não dá para ser mais simples?

De volta ao apontamento financeiro, aqui vai um alerta importante: ele deve ser feito por 30, 60 ou, no máximo, 90 dias, de acordo com o seu tipo de rendimento: fixo ou variável. Isso porque ele é apenas um diagnóstico que vai mostrar uma realidade que deve ser modificada, e não um processo. Ou seja, você não deve ficar escravo dessas anotações. Mas pode, no entanto, repetir esse procedimento anualmente ou quando ocorrer alguma mudança brusca em sua vida financeira, que exija um novo olhar para a situação.

IDENTIFIQUE SEU PADRÃO DE VIDA

Independentemente da classe social na qual você se enquadra, tenha sempre em mente que precisa aprender a viver de acordo com o que ganha. Isso significa que, se você está endividado, provavelmente vive fora de suas possibilidades, ou seja, de seu padrão de consumo. E isso não ocorre apenas com você, mas sim com muitas outras pessoas.

Como já dissemos, o importante é que cada um viva de acordo com a sua realidade e planeje para si sonhos mais consistentes. Identificar se você está realmente fazendo isso é simples. Basta se perguntar: "Com os meus rendimentos, consigo honrar todos os compromissos do mês ou sempre falta dinheiro?", "Meus gastos com a escola dos meus filhos, com lazer e vestuário, por exemplo, são pagos de forma tranquila ou preciso fazer 'malabarismos' para dar conta deles e viver de acordo com o nível de consumo das pessoas com as quais convivo?". É importante ser sincero nessas respostas, porque elas podem indicar que você tenta viver em um padrão de consumo que não corresponde aos seus rendimentos. Muita gente vive assim, sempre na corda bamba, tentando se equilibrar financeiramente e, às vezes, chegando a uma situação insustentável.

O que precisamos é aprender a dimensionar melhor nossas escolhas. Nesse caso, uma boa análise é se perguntar: "Será que às vezes nos contentamos com pouco e deixamos até de desejar algo melhor?", ou "Será que fazemos escolhas erradas justamente por achar que merecemos mais naquele momento?".

Ao avaliar nossa relação com o dinheiro, é muito importante verificar quais hábitos de consumo são de fato necessários e quais são dispensáveis. Esse é um exercício que não podemos deixar de fazer sincera e intimamente.

CONSUMO CONSCIENTE

Consumir de forma consciente significa não sucumbir às tentações que o mercado nos oferece. Vejamos alguns recursos usados pelo comércio em geral para nos fazer comprar itens muitas vezes desnecessários e dos quais não precisamos.

Cuidado com o "pague 1, leve 2"

A ideia de ter algo gratuito é muito forte e pode nos levar a comprar mais do que precisamos. Por exemplo: você vai comprar um produto em um *site* e vê que, comprando acima de um determinado valor, o frete é grátis. Por isso, resolve comprar outros produtos dos quais nem precisa até chegar a esse valor, só para não pagar o frete, sendo que, muitas vezes, o preço dos demais produtos é muito maior do que o valor do frete. Você já havia pensado nisso? Pois então não se esqueça desse ensinamento e reflita muito bem antes de sucumbir à tentação.

Com alimentos é a mesma coisa: os supermercados fazem promoções de alimentos que estão prestes a vencer. E por isso você acaba comprando um monte de comida que não vai conseguir consumir antes do vencimento, jogando dinheiro fora.

Pense antes de comprar

A recomendação parece lógica, mas muitas vezes acabamos tomando decisões baseadas no "calor do momento" e que nos prejudicam mais tarde. Financiamentos são um bom exemplo, pois damos mais atenção ao valor das prestações e se conseguiremos pagá-las com o salário atual do que ao valor final, com os juros e a correção monetária. Quem compra um imóvel a prazo sempre diz que é um investimento, pois está morando no que é dele. Mas pense bem: você quer comprar um imóvel de R$ 100 mil, com parcelas de R$ 500,00, que cabem no seu orçamento, porém não percebe que, depois de 30 anos, acabará pagando R$ 350 mil pelo mesmo imóvel, ou seja, mais que o triplo do valor inicial. E então, ainda acha que esse é um bom negócio?

Atenção aos gastos "invisíveis"

Já falamos sobre como você pode acabar gastando mais do que deveria com pequenas coisas do dia a dia, como cafezinhos após o almoço, e depois não saber para onde foi todo o seu dinheiro, por se tratar de coisas de preço menor. Mas é importante também pensar nos gastos que você terá quando adquire um produto ou um bem. Por exemplo: quando você compra um apartamento, não terá apenas a prestação para pagar. Pense que haverá gastos com a reforma, se necessária, móveis, eletrodomésticos essenciais como geladeira, fogão e micro-ondas, além do condomínio e do IPTU.

Além de que, dependendo do bairro onde for morar, seu custo de vida pode subir, mesmo que você continue comprando as mesmas coisas. O custo de vida de um bairro para outro pode variar, o que compromete bastante seu orçamento se você não estiver contando os gastos maiores.

Compro, logo devo

Pense sempre nessa frase antes de comprar alguma coisa que não seja um bem de valor, como uma casa ou um carro. Um exemplo: você viajou de férias com a família e acabou exagerando nas compras com cartão de crédito. Quando chega a fatura, você recorre ao rotativo para não atrasar a prestação da casa, mas acaba pagando juros muito mais altos. Assim, da próxima vez que for comprar algo por impulso, pare para pensar e veja se aquilo não pode dar mais dores de cabeça no futuro do que prazer no momento.

Esses exemplos são para que você reflita e aprenda a viver de acordo com os seus rendimentos. Aliás, o ideal seria gastar de 70% a, no máximo, 90% de seus ganhos. Vamos a um exemplo: se o seu salário líquido é de R$ 1.800,00, o ideal é que a soma de seus gastos não ultrapasse R$ 1.620,00. Ou seja, um importante passo para conquistar o equilíbrio financeiro é reter no mínimo 10% dos rendimentos antes mesmo de pagar as contas ou gastar. Esse valor será a reserva que garantirá sua independência financeira no futuro.

A lógica é a seguinte:

Total líquido dos ganhos	R$ 1.800,00
(–) Total de retenção (%)	10%
= Saldo para adequação do padrão de vida	R$ 1.620,00

Essa recomendação de que você deve viver com menos do que imagina pode assustar. Você pode estar pensando: "Mas eu já vivo tão apertado que, se tirar uma parte, vou ficar sem comer!", ou "Tenho tão poucos prazeres e, mesmo assim, vou ter de abrir mão deles?".

As respostas a essas perguntas dependerão do seu diagnóstico financeiro, aquele que você fez a partir das anotações de todos os seus gastos, grandes e pequenos, no decorrer de um mês. Por isso essa prática é tão importante para saber qual é o caminho do seu dinheiro.

Nessa nova etapa rumo à conquista do equilíbrio financeiro, a ideia é que você descubra qual é o seu padrão de consumo e reflita sobre seus hábitos. Certamente você identificará a necessidade de mudanças e adequação de seu jeito de consumir aos seus rendimentos. Somente dessa forma conseguirá mudar o seu perfil de devedor para poupador.

O MAPA DA MINA

- Considere sempre a sua realidade
- Reavalie o seu trabalho
- Preparado para o futuro

CONSIDERE SEMPRE A SUA REALIDADE

Muitas pessoas cometem o erro de definir seu padrão de vida apenas a partir de cifras, sem considerar outras particularidades. Vamos a um exemplo: duas pessoas recebem o mesmo salário: R$ 3.000,00. Uma delas é solteira, não tem filhos e mora com os pais. Ela decide comprar um carro zero e, para isso, assume prestações que comprometem um terço do salário. A outra pessoa entende que, como ganha o mesmo salário, também pode fazer isso e viver no mesmo patamar de consumo. Acontece que é casada, tem filho e paga aluguel. Ou seja, ainda que receba o mesmo salário do colega, não pode comprometer um terço de sua renda, pois, se sucumbir ao desejo de também adquirir um automóvel, estará falida em pouco tempo. Essa segunda pessoa pode, sim, comprar o carro, mas terá de fazer seu próprio planejamento, que é diferente do que foi feito pelo seu colega.

Esse exemplo mostra claramente que não é apenas o quanto você ganha que define o modo de vida que pode ter, mas sim o quanto o seu padrão de consumo afeta, de forma positiva ou negativa, sua vida financeira. Viver em um padrão de vida um pouco inferior ao que sua renda permite é a chave para um futuro próspero, que, por sua vez, depende de você conseguir manter sempre uma reserva financeira. Afinal, quem não prefere viver no equilíbrio e na tranquilidade do que sobressaltado pelas dificuldades financeiras? E isso não está relacionado apenas a dinheiro. Equilíbrio das finanças significa paz de espírito. Não é à toa que ouvimos pessoas dizendo que não dormem à noite, se remoendo na cama pensando nas dívidas e nas formas de sair do enrosco em que se meteram.

Para estar em paz e viver em equilíbrio é preciso manter as energias sempre circulando, o que significa se renovar, ter ideias, ir à luta. É por isso que se costuma dizer que "dinheiro atrai dinheiro". As pessoas que têm dinheiro estão sempre em busca de mantê-lo e ampliá-lo porque se sentem seguras e amparadas com suas reservas. Assim, ousam mais, estão sempre atentas a novas oportunidades.

Ter dinheiro é ainda uma questão de autoconhecimento, porque uma pessoa que não sabe quem é, quais são as suas potencialidades, o que quer da vida e aonde quer chegar, dificilmente conseguirá atingir o êxito financeiro.

Afirmamos novamente que o difícil é resistir aos apelos consumistas. Mesmo que você não seja assim, ao menos deve conhecer alguém que vive trocando dinheiro por coisas, não é mesmo? No final, essas pessoas têm uma casa entulhada de todo tipo de objeto, muitos deles inúteis, e estão sempre sem dinheiro.

Com a possibilidade de comprar pela internet e pelo telefone, a partir de anúncios de produtos na TV, essa prática se tornou ainda mais frequente. Pior ainda é comprar produtos que às vezes nem serão úteis ou fazer isso sem critério, sem se preocupar, por exemplo, em calcular os juros que estão embutidos nas prestações. Essa situação é tão comum que grande parte dos consumidores olha primeiro as parcelas e depois os juros, ou seja, dá prioridade ao valor das parcelas quando vai fazer uma compra, já outra parte significativa olha em primeiro lugar o número de prestações. Os juros fazem parte da preocupação de pouquíssimas pessoas.

REAVALIE O SEU TRABALHO

A ocupação que garante o seu sustento e o de sua família também afeta, de forma positiva ou negativa, sua vida financeira. É importante considerarmos que o alto índice de êxito na profissão, segundo pesquisas, ocorre entre pessoas que trabalham com aquilo que gostam.

Quando a pessoa faz algo que lhe dá prazer, a chance de se tornar bem-sucedida, seja na carreira, seja na vida financeira, é muito maior. Portanto, é vital que você reavalie a sua posição profissional e se pergunte francamente se está feliz com o que faz e se tem dado o melhor de si. Quanto maior for a sua dedicação, é natural que a sua renda aumente com o avanço de cada conquista.

Partindo do princípio de que todo ser humano possui habilidades especiais, podemos concluir que, a partir delas, somos capazes de produzir trabalho e gerar renda. Há pessoas que têm facilidade com números, enquanto outras possuem o dom das artes. Existem aquelas que parecem se conectar de um jeito especial com os animais e outras que dominam o trabalho com as mãos, elaborando engenhosos objetos artesanais.

Enfim, as habilidades de cada ser humano são infinitas. A partir disso, muitas pessoas acabam escolhendo seu ramo profissional e desenvolvendo ainda mais suas aptidões baseadas nesses dons. No entanto, existem pessoas que parecem não ter descoberto ainda para quais trabalhos possuem habilidades, ou até já descobriram, mas perceberam tardiamente e receiam abandonar suas carreiras atuais para começar tudo de novo.

Para os que hoje se encontram em uma posição profissional desconfortável e sonham em trabalhar com outras coisas, é recomendado que tenham a coragem de "virar a mesa". Recomeçar, muitas vezes, é dar um novo frescor para os seus dias e apostar naquilo com que você sonha. Tudo se renova quando nos propomos a seguir um novo caminho.

Portanto, se estiver insatisfeito com a carreira em que está imerso hoje, mexa-se! Faça uma profunda reflexão sobre as coisas que gostaria de fazer, sendo que muitas delas você já deve ter como *hobby*. Escolha a que melhor se encaixa nas suas condições de vida e permita-se experimentar o novo. Tente fazer um curso técnico que lhe dê um mínimo de qualificação e inicie, gradualmente, a execução de uma atividade paralela ao seu trabalho.

Para aqueles que já estão na profissão certa, mas se consideram mal remunerados, é importante perceber quando é a hora de tomar uma atitude. Afinal, você merece ganhar um valor justo pelo trabalho que executa. Uma das maneiras de lutar por isso é investir em cursos que o tornem mais capacitado, visando a uma promoção ou transferência de setor. Se você já fez isso e de nada adiantou, pense na possibilidade de se recolocar no mercado de trabalho. Revise seu currículo, cadastre-se em *sites* de emprego, candidate-se a vagas em outras empresas, faça entrevistas, enfim, corra atrás do que você merece.

Não se acomode em um mesmo cargo ou empresa por anos e anos, se isso deixa sempre a sensação de que é um profissional desvalorizado e que não recebe o que considera merecer ou o que o mercado está pagando. Dê um passo à frente, adiante-se, seja qual for o seu caso. Somente investindo e focando na sua vida profissional você terá condições de obter maiores rendimentos para acelerar o êxito de sua vida financeira.

Lembre-se de que todo mundo tem um dom e ele poderá levá-lo a uma vida muito mais feliz e confortável se for bem desenvolvido. Sem esforço e sacrifício advindos do trabalho, nenhum ser humano monta um império. Portanto, tendo isso como princípio, reavalie como está a relação com o seu emprego atual e com outras eventuais atividades que lhe gerem rendimentos. Pense em ideias que possam acrescentar conquistas à sua carreira e monte um plano para colocá-las em prática. Dessa forma, você estará colaborando não só para a realização dos seus sonhos, mas também para a felicidade diária de trabalhar com aquilo de que gosta.

PREPARADO PARA O FUTURO

O ciclo do equilíbrio financeiro começa com a fase de conscientização, ou seja, a necessidade de fazer o diagnóstico da sua vida financeira e do seu padrão de consumo. Mas esse é apenas um dos passos em direção ao equilíbrio.

Conhecendo qual é o seu "eu" financeiro, é possível avançar para a fase da motivação, ou seja, de identificar os sonhos de curto, médio e longo prazos e, por consequência, planejar-se para realizá-los. Isso porque os sonhos são a grande motivação para todas as nossas transformações.

O ciclo de autoconhecimento financeiro passa ainda pela fase de equilíbrio, que significa orçar, ou seja, quantificar os sonhos e priorizá-los, registrando seus ganhos, subtraindo o valor necessário para a sua realização e adequando os gastos ao saldo restante.

Finalmente, vem a etapa da perseverança, que nada mais é do que poupar. Isso inclui pensar mais no futuro, em como você poderá viver com saúde financeira depois que parar de trabalhar, porque a expectativa de vida das pessoas vem aumentando nos últimos anos e pode ser que muitos de nós cheguemos aos 100 anos de idade. Você já pensou em como irá se sustentar se isso acontecer?

Alcançar hoje o equilíbrio financeiro necessário para viver bem o presente e também o futuro é possível, e muitas pessoas já comprovaram a validade dessa experiência. Que tal abandonar o comportamento comodista de esperar que alguém resolva os seus problemas e tomar as rédeas da sua vida financeira? Mudar tal situação não depende de nenhuma mágica, mas apenas de atitude, disciplina e perseverança!

É uma questão de querer de fato e de fazer o que é preciso para chegar lá. Tudo depende do tamanho do esforço que você está disposto a fazer. Boa sorte!

O AUTOR

Reinaldo Domingos

Pioneiro na área de Educação Financeira no Brasil e criador de uma metodologia que já ajudou milhares de pessoas a retomar as rédeas de sua vida financeira, o PhD Reinaldo Domingos nasceu em uma pequena cidade do interior de São Paulo, Casa Branca, e foi lá que deu os primeiros passos de sua vida profissional. Primeiro, como auxiliar de camelô – queria conseguir dinheiro para comprar uma bicicleta –, depois, como técnico em Contabilidade.

Mas seus sonhos ultrapassavam os limites da pequena cidade. Já em São Paulo, cursou Contabilidade, dessa vez como ensino superior. Quatro anos depois, abriu sua própria empresa na área, a Confirp, e a seguir uma empresa de contabilidade digital.

Tudo ia muito bem, mas a mente inquieta e curiosa de Reinaldo Domingos, que na época já era referência na área financeira, queria mais. Decidido a compartilhar suas experiências com o público, escreveu o livro

Terapia financeira, *best-seller* com milhões de exemplares vendidos, em que apresentou a **Metodologia DSOP**, baseada em quatro pilares: Diagnosticar, Sonhar, Orçar e Poupar. Esse livro foi o primeiro de uma longa série sobre Educação Financeira, tanto para o público adulto quanto para crianças e adolescentes.

Entre as obras publicadas, estão as coleções: Sonhos, Diversão, Educação Financeira, Menino do Dinheiro e Turma do Nico, com destaque para *Diário dos sonhos* (PNLD 2022) e *Menino do Dinheiro em cordel* (PNLD 2018). É coautor de *Juventude Plural; projeto de vida* (PNLD 2021), autor de *Meu pet cabe no meu bolso* e também de uma coleção com os personagens da Turma da Mônica, em parceria com Mauricio de Sousa. Em seu portfólio, constam ainda obras para o segmento internacional, como *School Camp*, *The Camp*, *Journal of Dreams* e a série Money Boy.

Uma vida dedicada à Educação Financeira: de Casa Branca, quando conquistou a primeira bicicleta com seu trabalho, para além das fronteiras do país.

www.dsop.com.br

editora